BEI GRIN MACHT SICH IHR WISSEN BEZAHLT

- Wir veröffentlichen Ihre Hausarbeit,
  Bachelor- und Masterarbeit

- Ihr eigenes eBook und Buch -
  weltweit in allen wichtigen Shops

- Verdienen Sie an jedem Verkauf

Jetzt bei www.GRIN.com hochladen
und kostenlos publizieren

Lena Heinrich

Maria Montessoris Reformkonzept

Die Umsetzung im Vorschulalter und in der Grundschule

GRIN Verlag

Lena Heinrich

Maria Montessoris Reformkonzept und die Umsetzung im Vorschulalter und in der Grundschule

Wintersemester 2005/2006

Inhaltsverzeichnis

1. Kurzbiographie Maria Montessori

Maria Montessori wird 1870 in Chiaravalle geboren. Mit 26 Jahren schafft sie eine Sensation: sie wird die erste Ärztin Italiens. 1897 beginnt sie in einer Klinik zu arbeiten und lernt die heilpädagogischen Schriften Séguins kennen.

1902 beginnt Montessori Pädagogik, Experimentalpsychologie und Anthropologie zu studieren. Fünf Jahre später eröffnet sie in Rom ein Kinderhaus. *„Die Arbeit in der Casa dei bambini [wird] zu einem Wendepunkt in ihrem Leben"*[1].

Ab 1909 erteilt sie pädagogische Ausbildungskurse und gibt 1910 ihre Arztpraxis auf, um sich ganz ihrer pädagogischen Arbeit zu widmen. In den kommenden Jahren bereist sie die ganze Welt und hält Vorträge über ihre Arbeit mit Kindern. Ihre Methoden werden zunehmend beliebter. 1952 stirbt sie in Nordwyk aan Zee.

Neben Peter Petersen, Berthold Otto und Célestin Freinet zählt sie zu denjenigen Pädagogen, die die Grundschule grundlegend reformiert haben und sie noch immer beeinflussen.

2. Die Pädagogik Maria Montessoris und ihre Umsetzung

Kernstück des Montessori-Konzepts ist die Freiarbeit, die wichtige Impulse für die heutige schulische Praxis gegeben hat.

Maria Montessori entwickelt ihre Pädagogik und ihre Ansichten nicht zuletzt aufgrund ihrer Kritik an der damals vorherrschenden Pädagogik. Sie rügt die starre unfreie Ausbildung und kritisiert die pädagogischen Mittel der Belohnung und Bestrafung, da die Kinder dadurch in ein Unterwürfigkeitsverhältnis geraten. *„An die Stelle des vom Lehrer reglementierten Lernens, dem alle Schüler sich im Gleichschritt unterziehen müssen, soll Freie Arbeit [und] ein Lernen nach den persönlichen Bedürfnissen [...] treten."*[2]

Ihre zentrale pädagogische Prämisse ist daraus folgend vor allem Freiheit, die im Sinne von Unabhängigkeit zu verstehen ist. Zur Unabhängigkeit gelangt das Kind durch Disziplin und die frühe Übernahme von Eigenverantwortung.

---

[1] Knörzer / Grass, S. 106
[2] Ebd., S. 98

Selbstständigkeit wird das Kind durch sein selbsttätiges Handeln erreichen. Wie dieses Vorhaben realisiert werden kann, gibt Montessori strikt vor. Ausschlaggebend sind zum Beispiel die freie Wahl der Aufgabe und des Partners. Freie Zeiteinteilung muss ebenfalls gewährleistet sein.

Es ist zunächst wichtig, das Kind zu betrachten, darauf zu achten, was es kann und zu sehen, was es ohne weiteres Fördern und Hilfestellung von Außen selbst bewältigt. Der Erzieher hat die Funktion, stets dafür Sorge zu tragen, dass eine optimale Lernvoraussetzung gegeben ist. Die *„vorbereitete Umgebung"*[3] (z. B. der Klassenraum), die auf kindliche Bedürfnisse eingestellt ist, soll dies gewährleisten. Montessori ist der Ansicht, dass Lernen gemäß eines *„inneren Bauplans"*[4] funktioniert, das heißt, Kinder können in bestimmten Zeitabschnitten ihrer Entwicklung bestimmte Fertigkeiten besonders gut erlernen. Sie bezeichnet diese Zeitabschnitte als *„sensible Perioden"*[5]. Wenn dieses Kriterium beachtet wird, kann der Lernprozess des Kindes wesentlich effektiver gelingen.

Die Aufgabe des Lehrers besteht darin sich als Beobachter im Hintergrund zu halten, Hindernisse zu vermeiden und den Kindern lediglich den Umgang mit den Materialien zu erklären. *„Hilf mir, es selbst zu tun"*[6] lautet das Motto, das es zu realisieren gilt. Wirklich nur auf Anfrage soll dem Kind Hilfestellung gegeben werden, was besonders zur Unabhängigkeit des Kindes beiträgt. Der Pädagoge sollte nur die Verbindung des Kindes zum Material herstellen.
Er muss das beschäftigte Kind respektieren, darf es nicht stören und vor allem nicht verbessern. Korrektur führt Montessoris Ansicht nach zur Demotivation des Kindes. Das Kind soll sich selbst verbessern und seine Fehler nachvollziehen können, dadurch wird der Lernprozess wesentlich besser vorangetrieben. Der Erzieher darf das Kind zu nichts zwingen, das Kind sollte frei wählen können, mit welcher der vielen Aufgaben es arbeiten möchte.
„Fruchtbares Lernen muss nach Montessori in Übereinstimmung mit dem individuellen inneren Bauplan eines Kindes erfolgen; deswegen wird vor allem in der Grund-

---

[3] Becker-Textor S. 33
[4] Ebd. S. 33
[5] Ebd. S. 33
[6] Büttner, S. 117

schule lehrergelenktes Lernen im Gleichschritt mit allen anderen Kindern von den Montessorianern abgelehnt."[7]

Die Pädagogik der Montessori kann durch verschiedene Herangehensweisen verwirklicht werden: zum Beispiel mit den Übungen des täglichen Lebens und mittels des Umgangs mit den Sinnesmaterialien. Eine kindgerechte Umgebung ist dabei immer sehr entscheidend, alles muss auf kindliche Bedürfnisse abgestimmt sein, da das Kind sonst am eigenständigen Handeln und somit am Lernen gehindert werden könnte und auf Hilfe angewiesen wäre.

Die Übungen des täglichen Lebens sind immer wiederkehrende Tätigkeiten. Das Ziel, das damit erreicht werden soll, ist: Das Kind lernt früh Verantwortung zu übernehmen und seinen Alltag zu meistern. Dadurch, dass diese Übungen sich in regelmäßigen Abständen wiederholen, bekommt das Kind Sicherheit und Selbstvertrauen vermittelt. Weiterhin verfeinert es seine motorischen Fähigkeiten und stillt mit der Tätigkeit seinen Bewegungsdrang.

An Montessorischulen sind heterogene Gruppen gewünscht, es gibt jahrgangsgemischte Klassen, da schon Montessori die Meinung vertreten hat, dass altersgemischte Gruppen *„großen Einfluss auf die Bildungsentwicklung des Kindes"*[8] hätten. Denn jedes ältere Kind kann durch die Schulung eines jüngeren Kindes immer noch etwas dazulernen und vertiefen – vielleicht kann es Sachverhalte dem Jüngeren sogar besser vermitteln als ein Erwachsener. Das Kind wird durch das *„themenbezogene Lernen durch Vorbild und Nachahmung"*[9] flexibler, hilft anderen, erkennt die Stärken und Schwächen seines Gegenübers an und entwickelt Kooperationsfähigkeit. Das Lern- und Sozialverhalten wird somit begünstigt.

---

[7] Knörzer / Grass, S.106
[8] Kegler, S. 235
[9] Ebd. S. 236

3. Montessori-Lernmaterialien

3.1 Gestaltungskriterien

Es wird beabsichtigt, dass dem Kind durch die Beschäftigung mit den Lernmaterialien verschiedene Ordnungsprinzipien, Gegensätze und Abstufungen vermittelt werden. *„Das Montessori-Material ist also kein Spielzeug, mit dem das Kind hin und wieder spielt, sondern es ist ‚Lehrmaterial', das so konzipiert ist, dass [...] die Selbsttätigkeit des Kindes im Vordergrund steht."*[10]

Alle Materialien sind nur einmal vorhanden, damit das Kind nicht von einem übertriebenen Angebot überflutet wird und die Aufmerksamkeit verliert. Außerdem werden die Kinder darum gebeten, Geduld zu haben, wenn ein Material bereits vergeben ist. Montessori geht davon aus, dass durch das Trainieren der Sinne die Wahrnehmung erweitert wird. Dadurch werde eine *„zuverlässige und breite Grundlage für die Entwicklung der Intelligenz"*[11] geschaffen.

Dadurch, dass sich ein Kind explizit mit nur einem Lernmaterial gleichzeitig beschäftigt, wird seine Konzentrationsfähigkeit stark gefördert. Es kommt zu einer *„Polarisation der Aufmerksamkeit"*[12]. Bei jedem Material ist eine Selbstkontrolle durch das Kind selbst möglich, und jedes Material ist abgestimmt auf die Entwicklungsstufe des Kindes.

3.2 Sinnesmaterialien

Die Sinnesmaterialien sind entstanden durch Maria Montessoris Arbeit mit behinderten Kindern. Die unterschiedlich schwierigen Materialien sind von vielfältiger Beschaffenheit, haben verschiedene Farben und Formen und bestehen aus diversen Stoffen. So können die Kinder ihre Sinne in Bezug auf Dimensionen, Farbe, Gewichte, Geräusche, Töne und Gerüche sensibilisieren.

Das Mathematikmaterial steht in engem Zusammenhang mit den Sinnesmaterialien. Das Kind kann vergleichen, ordnen, zählen, messen. Das Material ermöglicht dem Kind einen Einblick in mathematische Grundoperationen.

---

[10] Büttner, S. 44
[11] Becker-Textor, S. 35
[12] Knörzer / Grass, S. 97

3.3 Sprachmaterialien im Vorschulalter

Diese Lernmaterialien ermöglichen dem Kind, abstrakte Lerninhalte über die intensive Beschäftigung mit konkretem Material zu begreifen. Sprache wird sicht-, fühl- und erlebbar. Wenn das Kind beginnt, sich für Lesen und Schreiben zu interessieren, könnte der Erzieher ihm zum Beispiel die Sandpapierbuchstaben zum Lernen anbieten. Hier gelingt diesem Konzept die Verbindung zur Primarstufe.

„Die Selbsttätigkeit, zu der ‚Montessori-Kinder' gelangen, lassen sie kreativ und einfallsreich Probleme bewältigen und Fragestellungen lösen. Die Freiheit, in der sie ihr Wissen und ihre Fertigkeiten erworben haben, verhilft ihnen nun zu eigenständigen Lebensbewältigung. Sie schrecken vor Aufgaben nicht zurück [...]."[13]

4. Fazit

Oft haben sich Pädagogen mit der Montessori-Pädagogik kritisch auseinandergesetzt. Ihr ist vorgeworfen worden, dass die Ablehnung des kindlichen Spiels sich negativ auf die Entwicklung des Kindes auswirke, dass ihre Sinnesmaterialien zu einseitig ausgerichtet seien und dass die Kinder durch den starren Umgang mit den Lernmaterialien ihrer Kindheit beraubt würden, da der Eindruck eines Zwangs bestünde.

Doch man darf die Pädagogik Montessoris nicht unterschätzen. Durch ihr eigenständiges Handeln erlangen die Kinder immerhin viele soziale Schlüsselqualifikationen: Verantwortungsbewusstsein, Selbstbewusstsein, Geduld und Rücksichtnahme, Unabhängigkeit, Konzentrationsfähigkeit – Eigenschaften, die im späteren Leben entscheidend sind.

Sicherlich aber bietet das Sammelsurium an Ideen in Montessoris pädagogischem Ansatz genug Anlass, Teilaspekte zu berücksichtigen, was auch schon oft in den Jahrzehnten nach Montessori der Fall gewesen ist.

---

[13] Becker-Textor S. 37f.

5. Literaturangaben

- Becker-Textor, I.: Maria Montessori. In: Fthenakis, Wassilios; Textor, Martin (Hrsg.) (2000): Pädagogische Ansätze im Kindergarten. Weinheim
- Büttner, Christian, Dittmann, Mara (Hrsg.) (1999): Kindergartenprofile. Praxisberichte für die Ausbildung. Weinheim
- Fremerey, Jutta (1996): Erfahrungen mit der Jahrgangsmischung an der Montessori-Schule, Bonn. In: Burk, Karlheinz (Hrsg.) (1996): Jahrgangsübergreifendes Lernen in der Grundschule. Arbeitskreis Grundschule Frankfurt am Main
- Kegler, Ulrike (2002): Freiarbeit an einer Montessori-Schule. In: Drews, Ursula / Wallrabenstein (Hrsg.): Freiarbeit in der Grundschule. Offener Unterricht in Theorie, Forschung und Praxis. Arbeitskreis Grundschule Frankfurt. (=Beiträge zur Reform der Grundschule, Bd. 114)
- Knörzer, Wolfgang / Grass, Karl (1998): Einführung Grundschule. Geschichte – Auftrag – Innovation. Weinheim